BEI GRIN MACHT SICH IHR WISSEN BEZAHLT

AF168122

- Wir veröffentlichen Ihre Hausarbeit,
  Bachelor- und Masterarbeit

- Ihr eigenes eBook und Buch -
  weltweit in allen wichtigen Shops

- Verdienen Sie an jedem Verkauf

Jetzt bei www.GRIN.com hochladen und kostenlos publizieren

Erstellung eines Trainingsplans zur Verbesserung der Beweglichkeit und der intermuskulären Koordination

Sven Schmid

Bibliografische Information der Deutschen Nationalbibliothek:

Die Deutsche Nationalbibliothek verzeichnet diese Publikation in der Deutschen Nationalbibliografie; detaillierte bibliografische Daten sind im Internet über http://dnb.d-nb.de abrufbar.

ISBN: 9783346788139
Dieses Buch ist auch als E-Book erhältlich.

© GRIN Publishing GmbH
Nymphenburger Straße 86
80636 München

Druck und Bindung: Books on Demand GmbH, Norderstedt Germany
Gedruckt auf säurefreiem Papier aus verantwortungsvollen Quellen

Das Buch bei GRIN: https://www.grin.com/document/1308819

Deutsche Hochschule für

Prävention und Gesundheitsmanagement

Hermann Neuberger Sportschule 3

66123 Saarbrücken

Einsendeaufgabe

Fachmodul: Trainingslehre 3

Studiengang: Gesundheitsmanagement

Datum
Präsenzphase: 07.-09.09.2020

Name, Vorname: Schmid, Sven

Studienort: **Stuttgart**

Semester: **Wintersemester 2018**

Inhaltsverzeichnis

1 Personendaten

1.1 Allgemeine und Biometrische Daten

Tabelle 1: Allgemeine und Biometrische Daten

Alter	24
Geschlecht	männlich
Körpergewicht	72 kg
Körpergröße	1,80 m
Trainingsmotive	Er ist Radsportler und möchte sich auch im Winter fit halten. Außerdem möchte er seine Allgemeine Beweglichkeit, seine Kraft und seine Intermuskuläre Koordination verbessern
Berufliche Tätigkeit	Dualer Student (Fitnessökonomie)
Aktuelle sportliche Aktivität	Seit 12 Jahren Radsport (Mountainbike) im Verein. 3x Wöchentlich Training 60-120 min von April bis November. Im Winter 1x in der Woche 60-90 min. 10-15 Wettkämpfe jährlich im Amateurbereich (1-2h). Geht Sporadisch Laufen (alle 2-3 Wochen für 30-45 min.)
Frühere sportliche Aktivität	Von 5-7 Jahren im Fußballverein gewesen
Zeitliche Verfügung	3-4x die Woche für 1-2h
Gesundheitszustand	Keine Körperlichen Einschränkungen und keine regelmäßige Einnahmen von Medikamenten. Keine internistischen oder orthopädischen Probleme.
Medikamente	keine
Derzeitiger Leistungsstand	Fortgeschrittener
Orthopädische Probleme	keine
Internistische Probleme	keine
Ärztliche Behandlungen	Keine

Sonst. gesundheitliche Einschränkungen	Keine
Bewertung der Daten hins. Belastbarkeit	Voll belastbar

2   Beweglichkeitstestung

Tabelle 2: Beweglichkeitstestung

Testübung	Ausführung	Bewertung	Ergebnis
M. pectoralis major	Der Proband legt sich mit dem Rücken auf die liege sodass das zu testende Schultergelenk gerade über die Liege hinaus ragt und somit den kompletten Bewegungsspielraum des Schultergelenks ermöglicht. Nun wird der Oberarm zur Seite gestreckt wobei der Unterarm im 90 Grad Winkel horizontal ist. Der M. pectoralis major wird entspannt. Bei nicht erreichen der horizontalen mit dem orberarm wird leichter Druck nach unten vom Tester ausgeübt.	Stufe 0 = Oberarm erreicht Horizontale Stufe 1 = Oberarm erreicht Horizontale durch Druck des Testers Stufe 2 = Oberarm erreicht Horizontale auch durch Druck des Testers nicht	Rechts:0 Links:0
M.iliopsoas	Der Proband liegt mit dem Rücken auf der Liege sodass der Körper ab dem Po Ansatz aufwärts auf der Liege liegt. Der Oberschenkel wird am Knie an den Oberkörper so weit herangezogen wie möglich. Das andere Bein wird von der Liege herab hängen gelassen. Wenn der Oberschenkel nicht die Horizontale erreicht wird leichter Druck nach unten ausgewirkt.	Stufe 0 = Oberschenkel erreicht Horizontale Stufe 1 = Oberschenkel erreicht Horizontale durch Druck des Testers Stufe 2 = Oberschenkel erreicht Horizontale auch durch Druck des Testers nicht	Rechts:0 Links:0

M. rectus femoris	Der Proband liegt mit dem Rücken auf der Liege sodass der Körper ab dem Po Ansatz aufwärts auf der Liege liegt. Der Oberschenkel wird am Knie an den Oberkörper so weit herangezogen wie möglich. Das andere Bein wird von der Liege herab hängen gelassen. Der Oberschenkel ist Horizontal ausgerichtet. Hängt der Unterschenkel nicht senkrecht herab übt der Tester etwas druck aus.	Stufe 0 = Unterschenkel hängt senkrecht ab Stufe 1 = Unterschenkel erreicht 90 Grad im Kniegelenk durch Druck des Testers Stufe 2 = Unterschenkel erreicht 90 Grad im Kniegelenk auch durch Druck des Testers nicht	Rechts:0 Limks:0
Mm. ichiocrurales	Der Proband liegt mit dem Rücken auf der Liege und hat sein eines Bein angewinkelt auf der Liege stehen. Das andere Bein wird gestreckt in Richtung Oberkörper geführt während die Wirbelsäule in ihrer natürlichen Position liegt. Die Hüfte liegt flach auf der Liege. b	Stufe 0 = Hüftreflexion im Ausmaß von 90 Grad möglich Stufe 1 = Hüftreflexion im Ausmaß zwischen 80-90 Grad möglich Stufe 2 = Hüftreflexion nur unter 80 Grad möglich	Rechts:1 Links:1
Mm. Triceps surae	Der Proband liegt auf dem Rücken. Das Bein ist gestreckt und am Fuß wird gezogen um das Sprunggelenk zu lockern und zu mobilisieren. Anschließend Beugt der Tester im Kniegelenk um die Spannung vom Sprunggelenk zu nehmen. Nun drückt der Tester von unten gegen den Forderfuß und hält am Knöchel fest um eine Dorsalflexion zu erreichen.	Stufe 0 = Dorsalextension bis 0 Grad möglich Stufe 1 = Dorsalextension möglich; 0 Grad wird nicht ganz erreicht	Rechts:0 Links:0

		Stufe 2 = Dorsalextension nur bis 10 Grad unter 0 Grad – Stellung möglich	

2.1 Bewertung der Testergebnisse

Beim testen des M. pectoralis major erreicht der Oberarm die Horizontale ganz ohne Hilfe des Testers, weshalb er mit Stufe null eingestuft wird (nach Janda, 2000, S. 270, 271). Beim Test des M. iliopsoas, erreicht der Oberschenkel rechts, als auch links die Horizontale. Dies bedeutet das Testergebnis null (nach Janda, 2000, S. 258, 259). Der Test des M. rectus femoris ergibt ebenfalls die Einstufung null, was bedeutet dass der Unterschenkel die 90 Grad im Kniegelenk ohne Druck des Testers erreicht (nach Janda, 2000, S. 258, 259). Beim Testen des Mm. ischiocrurales ist eine mögliche Hüftflexion von 80-90 Grad möglich, was hier die Einstufung eins zur Folge hat (nach Janda, 2000, S. 261, 262). Bei der Testung des Mm. triceps surae ist eine Dorsalextension bis zu null Grad möglich, weshalb eine Einstufung bei null resultiert (nach Janda, 2000, S. 255).

Anhand der Ergebnisse lässt sich erkennen, dass der Proband leichte Probleme im Bereich des Mm. Ischiocrurales aufzeigt, aber ansonsten keine Probleme hat. Dies ist der Fall, da sich der Proband viel Bewegt und in seinem Job eher weniger sitzt. Die Verkürzung im Mm. Ischiocrurales kommt sehr wahrscheinlich durch das Rad fahren da hier die Beine meist angewinkelt sind.

3 Trainingsplanung Beweglichkeitstraining

Tabelle 3: Trainingsplanung Beweglichkeitstraining

Zielmuskulatur	Dehnmethode	Arbeitsweise	Sätze	Intensität	Dauer in sek.
M. ichiocruralis	aktiv	dynamisch	4	Weiches Dehnen	30
M. ischiocruralis	passiv	statisch	4	Weiches Dehnen	40
M. glutaeus maximus, medius, minimus	Passiv	Statisch	4	Weiches Dehnen	30
M. iliopsoas, Mm. Rectusfemoris	passiv	Statisch	4	Weiches Dehnen	30
M. quadriceps femoris	postisometrisch	Statisch	4	Weiches Dehnen	30
M. obliquus externus abdominis, M. obliquus internus abdominis	passiv	Statisch	4	Weiches Dehnen	30
Mm. Erector spinea	aktiv	Statisch	4	Weiches Dehnen	30
M. gastrocnemius, M. soleus	passiv	Statisch	4	Weiches Dehnen	30
M. trapezius, Mm. rhomboidei	aktiv	Statisch	4	Weiches Dehnen	30

M. pectoralis major	aktiv	statisch	4	Weiches Dehnen	30

3.1 Bewegungsbeschreibungen

1. M. Ischiocruralis

   Der Proband liegt auf dem Rücken. Das eine Bein liegt gestreckt auf der Liege. Das zu dehnende Bein wird an der Kniekehle mit den Händen umgriffen. Nun wird das Bein Gegen die Ausgestreckten Arme gestreckt um eine Dehnung im hinteren Oberschenkel auszulösen. Es wird zwei Sekunden gedehnt und anschließend zwei Sekunden entspannt. Dies wird 10 Mal hintereinander wiederholt.

2. M. Ischiocruralis

   Der Proband steht gerade und stellt sein Bein Gestreckt auf einen Stuhl. Dabei ist der Rücke und die Hüfte gerade. Nun wird die Hüfte in Vorlage gebracht bis sich eine leichte Spannung auf dem Ischiocruralis eingestellt hat. Dies wird 45 Sekunden gehalten. Anschließend wird das Bein gewechselt.

3. M. pectoralis major

   Der Proband steht gerade und streckt beide Arme leicht gebeugt nach außen. Die Oberarme sind parallell zum Boden. Nun wird der Obere Rücken (Antagonist der Brust) kontrahiert um die Brust zu dehnen. Nachdem dies 45 Sekunden gehalten wurde, wird 30 Sekunden entspannt.

4. M. iliopsoas, Mm. Rectur femoris

   Die Ausgangssituation ist der Kniestand, wobei das vordere Bein 90 Grad gebeugt ist. Das hintere Bein liegt mit dem Knie und dem Unterschenkel auf dem Boden. Der Oberkörper wird hier aufrecht gehalten. Gleichzeitig kann man sich auf dem vorderen Bein stützen. Die Position wird eingenommen indem der Schwerpunkt bzw. das Becken nach vorne unten abgesenkt wird.

5. M. obliquus externus abdominis, M. obliquus internus abdominis

   Die Grundposition ist die Rückenlage mit Nach außen gestreckten Armen. Die Beine sind gebeugt auf dem Boden aufgestellt. Zur Dehnung werden die Beine zur Seite auf dem Boden abgelegt. Hier wird die Position 45 Sekunden gehalten und anschließend auf die andere Seite gewechselt. Bei der Übung bleibt durchgehend der Obere Rücken auf dem Boden liegen.

6. M. quadriceps femoris

Der Proband steht aufrecht und hält sich mit einer Hand an der Wand fest. Mit der anderen Hand umgreift er den Knöchel des Beines welches komplett angewinkelt wird und hält es dort. Die Knie sind auf der gleichen Höhe und parallel zueinander. Nun wird der M. quadriceps femoris gedehnt indem man diesen Muskel aktiv anspannt und das Bein weiterhin in dieser Position hält.

7. M. gastrocnemius, M. soleus

Die Ausgangsstellung dieser Übung ist der Stand. Hier wird ein Bein nach hinten gestellt welches voll durchgestreckt wird und dessen ganze Fußsohle auf dem Boden steht. Das Vordere Bein ist im Knie gebeugt. Der Oberkörper ist leicht nach vorne gebeugt. Beide Füße zeigen parallel nach vorne. Die Position der Dehnung wird eingenommen, indem der Oberkörper nach vorne unten verlagert wird und gleichzeitig das vordere Knie gebeugt wird. Diese Position wird gehaltenn.

8. Mm. Erector spinea

Um die Rückenstrecker zu dehnen Begibt sich die Person zunächst in den Vierfüßlerstand. Anschließend wird die Bauchmuskulatur aktiv angespannt und die Wirbelsäule nach oben gewölbt. Hier sollte darauf geachtet werden, dass dies den physiologischen Bewegungsspielraum der Wirbelsäule nicht überschreitet. Diese Position wird nun gehalten.

9. M. glutaeus maximus, medius, minimus

Die Ausgangssituation der Dehnung ist die Rückenlage. Hier wird nun ein Bein welches im Knie gebeugt ist aufgestellt. Das Andere Bein wird in der Hüfte nach außen rotiert und mit dem Ansatz des Sprunggelenks am Unterschenkel auf die Oberschenkel-Vorderseite des Stützbeins gelegt. Gedehnt wird nun, indem das Der Oberschenkel des Stützbeins umgriffen, und zum Oberkörper heran gezogen wird während das Stützbein weiterhin locker und angewinkelt bleibt.

10. M. trapezius, Mm. Rhomboidei

Die Ausgangssituation der Übung ist der Stand. Zunächst hält die eine Hand am Handgelenk des andern Arms fest und beide arme werden uaf Höhe der Schulter nach vorne gestreckt. Der Kopf wird dabei leicht nach vorne geneigt. Gedehnt wird nun, indem die Schulterblätter aktiv nach vorne gezogen werden während die Schultern weiterhin tief bleiben.

3.2 Begründung der Übungsauswahl

Unter Berücksichtigung der Ergebnisse unseres Beweglichkeitstests sollte das Dehnpro-gramm in erster Linie zur Erhaltung der Dehnfähigkeit im ganzen Körper sein. Zusätzlich wird der Schwerpunk auf den Mm. Ischiocruralis gelegt, weshalb dieser auch direkt zu Beginn angesprochen wird, da es hier ein leichtes Defizit in der Dehnfähigkeit gibt. Zu-erst wird sich also den Defiziten und den Größeren Muskelgruppen wie den Beinen und dem Gesäß zugewandt. Anschließend wird der Rumpf gedehnt da die Bauch und Rücken-muskulatur sehr wichtig ist und auch zu den größeren Muskeln zählt. Danach kommen dann die kleineren Muskeln wie der Brust Muskel oder der Trapez Muskel. Um die Mus-keln erst einmal langsam zu dehnen und nicht zu überreizen setzen wir hier erst einmal ausschließlich auf weiches dehnen. Im Laufe der Zeit wäre es sinnvoll, gewisse Übungen zu intensivieren und teils maximal zu dehnen, da dieses laut Studien die Bewegungs-amplitude noch stärker erweitert (nach Marschall, 1999, S. 8). Um aber wirklich einen spürbaren Reiz zu setzen ist bei diesem Plan eine Dehnungs-Dauer von 30 Sekunden vor-gegeben. Bei der Ischiocruralen Muskulatur bei der auch ein Defizit vorliegt wird 40 Se-kunden gedehnt.

4 Trainingsplanung Koordinationstraining

Tabelle 4: Trainingsplanung koordinationstraining

Übungsauswahl	Geräte und Hilfs-mittel	Häufigkeit pro Woche	Sätze	Satzpause	Belas-tungsdauer
Crunches mit Ball	Ball	2	3	30 sek.	60 sek.
Einbeinstand mit Ballüber-gabe in beide Richtungen	Ball	2	4	30 sek.	45 sek.
Kurzhantel Bankdrücken auf dem Gymnastikball	Gymnastikball, Kurzhanteln	2	3	30 sek.	60 sek.
Seitheben vorgebeugt bila-teral und alternierend auf dem Gymnastikball	Gymnastikball, Kurzhanteln	2	4	30 sek.	45 sek.
Unterarmstütz auf dem Gymnastikball	Gymnastikball	2	3	30 sek.	45 sek.

Liegestütz auf dem Gymnastikball	Gymnastikball	2	3	30 sek.	45 sek.
Klappmesser am Schlingentrainer	Schlingentrainer	2	3	30 sek.	45 sek.
Kniebeuge mit Langhantel Überkopf	Langhantel	2	3	30 sek.	45 sek.
Jump über ein Seil frontal und mit 180 Grad Drehung	Seil	2	4	30 sek.	30 sek.
Jump über ein Seil rückwärts und mit 180 Grad Drehung	Seil	2	4	30 sek.	30 sek.

4.1 Beschreibung des Beweglichkeitstrainings

- Übung 1: Crunches mit Ball

  Der Proband liegt mit dem Rücken auf dem Boden während die Beine leicht gebeugt in der Luft sind. Der Ball wird zuerst mit den Händen über dem Kopf gehalten. Anschließend wird der Crunch ausgeführt indem der Oberkörper bis auf den unteren Rücken angehoben wird indem die Bauchmuskeln angespannt werden. Gleichzeitig werden die Beine und die Hüfte weiter angewinkelt während der Ball zwischen die Knie übergeben und dort gehalten wird. Nun wird der Oberkörper bis auf den Kopf abgelegt während die Hüfte und die beine etwas gestreckt werden. Die Hände befinden sich dabei über dem Kopf. Nun wird wieder der Crunch ausgeführt mit dem Unterschied, dass der ball von den Knien in die Hände übergeben wird.

- Übung 2: Einbeinstand mit Ballübergabe in beide Richtungen

  Die Ausgangsstellung ist der Stand auf einem Bein während das andere leicht gebeugt in der Luft hängt. Nun wird ein Ball hinter dem Rücken in die andere Hand übergeben und vor dem Körper wieder in die andere Hand. Der Blick bleibt dabei geradeaus gerichtet. Nach 45 Sek. wird immer die Richtung der Übergabe und das Standbein geändert bis 4 Sätze durchgeführt wurden.

- Übung 3: Kurzhantel Bankdrücken auf dem Gymnastikball

  Mit beiden kurzhanteln in der Hand setzt man sich auf den Gymnastikball und rollt langsam herunter bis der Ball auf dem Mittleren Rücken aufliegt. Die Beine stehen etwas weiter vorn und stützen. Nun können die Kurzhanteln senkrecht nach oben gedrückt werden wobei die Arme gestreckt werden. Anschließend werden die Gewichte wieder langsam bis auf Brusthöhe abgesenkt. Das ganze wird nun für die vorgegebene Zeit wiederholt.

- Übung 4: Seitheben vorgebeugt bilateral und alternierend auf dem Gymnastikball

Der Proband liegt mit dem Brustbein auf dem Gymnastikball und stützt sich hinten mit den Füßen auf dem Boden. Die Arme sind seitlich vom Oberkörper weg gestreckt und fast ausgestreckt mit Kurzhanteln in der Hand. Nun werden die Beiden Gewichte nach oben geführt wobei der Trapez Muskel, die hintere Schulter und die Rhomboiden kontrahieren. Anschließend werden die Gewichte langsam wieder abgelassen bis fast zum Boden. Das anheben und absetzten wird nun in der vorgegebenen Zeit für zwei Sätze wiederholt. Bei den anderen beiden Sätzen wird immer nur ein Gewicht abwechselnd nach oben und wieder herab geführt und das andere wird leicht in der Luft gehalten, damit der Muskel auf Spannung bleibt.

- Übung 5: Unterarmstütz auf dem Gymnastikball

Die Person stütz sich mit den Unterarmen auf den Gymnastikball während der Körper von der Schulter bis zu den Knöcheln in einer Linie bleibt.

- Übung 6: Liegestütz auf dem Gymnastikball

Die Person stützt sich mit den Händen auf den Gymnastikball, wobei diese etwas breiter als die Schultern aufgestellt werden. Nun werden Liegestütze ausgeführt, wobei der Körper von der Schulter bis zu den Knöcheln in einer Linie bleibt.

- Übung 7: Klappmesser am Schlingentrainer

Der Proband begibt sich zum Schlingentrainer. Dessen Schlingen sollten ein Stück über dem Boden hängen. Nun werden die Füße in den Schlingen platziert. Es wird eine schulterbreite Liegestützposition eingenommen wobei die Beine in der Luft sind. Der Rücken ist gerade währen Bauch und Rücken angespannt sind. Anschließend wird das Gesäß vertikal nach oben geschoben, während die Füße sich in Richtung Brust bewegen. Danach wird der Po wieder abgesenkt und die Füße nach hinten bewegt. Während den Satzpausen können die Knie auf em Boden abgesetzt werden.

- Übung 8: Kniebeuge mit Langhantel Überkopf

Ausgangssituation der Übung ist der Stand. Die Füße Stehen etwas mehr als Hüftbreit. Die Langhantel wird nun über den Kopf gestemmt und dort gehalten. Der Rücken bleibt bei dieser Übung immer gerade. Nun werden die Knie langsam bis etwas unter 90 Grad gebeugt, sodass diese währenddessen nicht nach innen kippen. Die Fußspitzen sind leicht nach außen gestellt. Die Fußsohlen sollten dabei immer den Boden berühren. Anschließend werden die Beine wieder gestreckt und die Übung wiederholt.

- Übung 9: Jump über ein Seil frontal mit 180 Grad Drehung

  Das Seil liegt auf dem Boden und der Proband steht vor dem Seil. Nun springt er über das Seil mit beiden Beinen ab und dreht sich um 180 Grad rechts herum und landet auf der anderen Seite. Von dort wird dies weiterhin für 30s Sekunden wiederholt. Im zweiten Satz wird sich vor dem Seil Stehend beim Absprung links herum gedreht. Beim dritten Satz wieder rechts herum und beim 4. Satz wieder links herum.

- Übung 10: Jump über ein Seil rückwärts und mit 180 Grad Drehung

  Das Seil liegt auf dem Boden und der Proband steht mit dem Rücken zum Seil. Nun springt er über das Seil mit beiden Beinen ab und dreht sich um 180 Grad rechts herum und landet auf der anderen Seite. Von dort wird dies weiterhin für 30s Sekunden wiederholt. Im zweiten Satz wird sich beim Absprung links herum gedreht. Beim dritten Satz wieder rechts herum und beim 4. Satz wieder links herum.

4.2 Begründung der Übungsauswahl

Unser Proband möchte nicht nur seine Beweglichkeit verbessern sondern auch seine Kraft und seine Intermuskuläre Koordination.

Somit wurde der Plan so zusammengestellt, dass sowohl der Kraftaufbau der Muskeln angeregt wird, als auch das Zusammenspiel der Muskeln bei verschiedenen Bewegungen verbessert wird. Das Training ist ähnlich wie ein Ganzkörper Training ausgelegt aber besteht zusätzlich aus vielen Koordinativen Übungen. Die Übungen steigern sich immer von Ihrer Komplexität und vom Bewegungsumfang um gute Erfolge zu erzielen (Chwilkowski, 2006, S. 56-58).

Es wurde zusätzlich darauf geachtet, dass für jeden Agonisten auch der dazugehörige Antagonist trainiert wird (Bauch/unterer Rücken, Brust/Oberer Rücken, Armstrecker/Armbeuger). Das Training sollte aus einem kurzen Aufwärmen bestehen (5-10 min). Danach sollte jede Übung dynamisch ausgeführt werden und mit einer Wiederholungszahl von 5-30 Wiederholungen ausgeführt werden. Es wird mit 5 Sätzen trainiert und die Pausendauer sollte unter 45 Sekunden liegen. Insgesamt sollte das Training nicht länger

Als 45 Minuten dauern (nach Chwilkowksi, 2006, S. 61; Häfelinger & Schuba, 2007, S. 61).

5 Literaturrecherche

Tabelle 5: Literaturrecherche

	Studie 1	Studie 2
Von wem wurde die Studie durchgeführt?	S. Glück, M. Schwarz, U. Hoffmann, G. Wydra	Dr. Franz Marschall
Jahr der Publikation	2002	1999
Forschungsfrage	Bewegungsreichweite, Zugkraft und Muskelaktivität bei eigen- bzw. fremdregulierter Dehnung	Wie beeinflussen unterschiedliche Dehnintensitäten kurzfristig die Veränderung der Bewegungsreichweite
Welche Versuchspersonen waren beteiligt	27 Sportstudenten davon 11 Frauen und 16 Männer Alter: 25 ± 2 Jahre Größe: 176 ± 8 cm Gewicht: 68 ±10,0 kg	21 Versuchspersonen davon 9 Frauen und 12 Männer Alter: 24,8 ± 3,4 Jahre Größe: 172,9 ± 8,5 cm Gewicht: 66,6 ± 11,0 kg
Der Versuchsaufbau	Die Probanden wurden in drei zufällige Gruppen eingeteilt. In der ersten Woche hat nun jeder Proband drei Termine bei denen er sich an die Durchführungsformen als auch an die maximale Dehn Position bis zur Schmerzgrenze gewöhnen soll. Die Durchführungsformen sind folgende: direkte, indirekte Eigendehnung und indirekte Fremddehnung. Nach einer Woche Pause starteten die drei	Aufwärmen der ischiocruralen Muskulatur durch den Fahrradergometer mit einer Belastung von 1,5 Watt/kg Körpergewicht. Anschließender Vortest zur Ermittlung der Maximalen Dehnung (Dmax) durch Kniegelenksbeugung. Die treatment-Prozedur bestand aus 15 Wiederholungen ohne Pause aus der Neutral-0 Grad-Position des Hüftgelenks bis zur jeweiligen

	Wochen Testphase in denen jeweils einmal Pro Woche getestet wurde. Wichtig hierbei ist, dass keine intensiven körperlichen Belastungen am Vortag vor einem Testtag stattfinden dürfen und kein zusätzliches Beweglichkeitstraining während der gesamten Zeit absolviert wird.	treatment-Grenze. Anschließend wurde die Dmax erneut ermittelt. Getestet wurde mit der submaximalen Dehnung (weiches Dehnen) und der maximalen Dehnung. Der Test fand auf einem von Ott und Schönthaler entwickelten Messtisch bei konstanter Raumtemperatur ($22,0 \pm 1,1$ Grad) und Luftfeuchtigkeit ($54,7 \pm 8,0\%$) statt.
	Test 1: Direkte Eigendehnung (DE) durch selbstständiges Dehnen über den Seilzug	
	Test 2: Indirekte Eigendehnung (IE) durch selbstständiges Bedienen eines Elektromotors	Über eine elektronische Steuerung und unter Berücksichtigung von Drehachse, fixierter Wirbelsäule und einem fixiertem Gegenbein wird die ischiocrurale Muskulatur mit gleichbleibender Geschwindigkeit von 1,5 Grad / s in der Dehnung angefahren. Die Dehnendposition wird kurz gehalten (kürzer als 2 Sekunden) und nach Erreichen wieder gelöst. Durch einen Digitalen Drehimpulsgeber werden die Winkel gemessen.
	Test 3: Indirekte Fremddehnung (IF) durch Bedienen des Elektromotors vom Testleiter. Hierbei konnten die Probanden dem Testleiter die Stufe durch Zuruf vorgeben.	
	Vor jedem Test wurde sich 5 Minuten auf einem Fahrradergometer mit 1,5 Watt/kg Körpergewicht aufgewärmt.	
Welche Ergebnisse und Schlussfolgerungen brachte die Studie hervor?	Die Maximale Bewegungsreichweite (BRmax) zeigte im Vergleich zu DE und IE signifikante Unterschiede in Höhe von 4% auf. Im Vergleich zwischen DE und IF waren es sogar 5%. Im Vergleich von IE und IF waren es nur 1%.	Die Kurzzeitige signifikante Verbesserung der Dmax. Differenz zwischen dem Vortest und dem Nachtest beträgt im Mittel $7,24 \pm 4,19$ Grad bei maximaler Intensität und $3,29 \pm 4,53$ Grad bei submaximaler Intensität. Es besteht allerdings eine statische

		Unterscheidung der Bewegungsreichweite mit maximaler Intensität und 15 Wiederholungen mit submaximaler Intensität. Es kam außerdem zu keiner Verschiebung der Dehnschwelle (DS) in größeren Gelenkwirbelbereichen.

6 Literaturverzeichnis

Chwilkowski, C. (2006). *Medizinisches Koordinationstraining – Verbesserung der Haltungs- und Bewegungskoordination durch Propriozeption* (2.Aufl.). Köln: Deutscher Trainer Verlag.

Häfelinger, U. & Schuba, V. (2007). *Koordinationstherapie – propriozeptives Training* (Wo Sport Spaß macht, 3., überarb. Aufl.). Aachen: Meyer & Meyer.

Hohmann, A., Lames, M. & Letzelter, M. (2002). *Einführung in die Trainingswissenschaft* (Limpert Sportwissenschaft, 2. Aufl.). Wiebelsheim: Limpert.

Janda, V. (2000). *Manuelle Muskelfunktionsdiagnostik* (4. Aufl.). München: Urban & Fischer.

Knebel, K.-P. (1985). *Funktionsgymnastik.* Reinbek: Rowohlt.

Marschall, F. (1999). Wie beeinflussen unterschiedliche Dehnintensitäten kurzfristig die Veränderung der Bewegungsreichweite? *Deutsche Zeitschrift für Sportmedizin, 50* (1), 5-9.
https://www.germanjournalsportsmedicine.com/fileadmin/content/archiv2002/heft03/a01_0302.pdf

https://www.researchgate.net/profile/Franz_Marschall2/publication/228118165_Wie_beeinflussen_unterschiedliche_Dehnintensitaten_kurzfristig_die_Veranderung_der_Bewegungsreichweite/links/54ef30590cf25f74d721b6ee.pdf

7 Tabellenverzeichnis